LA
SAVOIE DOCTRINAIRE

SIMPLE QUESTION D'ACTUALITÉ

PAR
Jean BELIN,
ARTISTE FRANÇAIS.

> « Quant à ceux qui sont descendus, en haine de nous, à l'injure, à la calomnie, au libelle et à la caricature, nous les plaignons de leur aveugle méchanceté. Ne s'apercevaient-ils pas qu'ils se jetaient à plein corps dans la boue, qu'ils en étaient couverts et qu'ils ne pourraient nous maculer par la moindre éclaboussure ! »
>
> (Aveux à notre dernière heure. — *Indépendant du Faucigny*, du samedi 22 Octobre 1853.)

PRIX : 1 FRANC.

SE VEND AU PROFIT DES FAMILLES PAUVRES DES CONTINGENTS.

Problème !
(Les Sœurs de Contamines-sur-Arve.
Indépendant du Faucigny, du samedi 12 Février 1853.)

L'horizon politique se couvre de nuages, nous dansons sur un volcan, le cratère va peut-être couvrir l'Europe de sa lave.

Épuisée par deux révolutions, Haïti vient de se constituer en république, et son empereur redemande à tous les échos de l'exil sa couronne et son trône.

La principauté de Monaco, tordue par les dissensions, déchirée par les factions, démembrée par l'ambition de voisins puissants et forts, jette un regard mélangé d'amour, de regret, de résignation et de douleur sur Menthon et Roquebrune.

La reine Pomaré, silencieuse et réservée, tiraillée d'une part par des tendances qui la poussent vers la France, retenue par de puissants intérêts matériels et économiques qui l'attachent à l'Angleterre, la reine Pomaré n'ose laisser couler de son cœur le doux fleuve des confidences et ne fait part à personne de sa petite opinion sur l'orage qui menace nos cieux.

La république de Saint-Marin, malgré quelques factieux, suit la marche de l'opinion publique, non moins que les efforts de la diplomatie; sérieuse, et on l'espère, sincère, on ne sait ce qu'elle fera.

La Hongrie espère, l'Italie soupire, l'Allemagne veille, l'Angleterre craint, l'Autriche provoque, la Russie attend, la Prusse hésite, la Suisse discute, la France doute, le Piémont seul est décidé.

La diplomatie secoue sur l'Europe un tourbillon de notes: on dirait des lampions blafards par une nuit noire, à la fin d'une illumination. Le vent souffle, le phare ne laisse à l'œil attristé du matelot impatient qu'une obscurité plus grande, profonde, immense.

Et la Savoie?

Ah! la Savoie!

Italienne, Française, Suisse, ou un peu de tout cela. Voilà ce qui lui pend à l'oreille.

Camarades, discutons, pensons, réfléchissons, discourons, écrivons, formons le cercle... démocratique.

Apportez ici tous les bras, tous les cœurs, toutes les bourses, tous les courages, tous les esprits, toutes les intelligences pour l'indépendance de notre sœur l'Italie, et pour l'inviolabilité du pavé natal.

Griffonneur ou tourlourou, brandis ta plume d'oie ou ton coupe-chou, révèle ton idée ou nettoie ta clarinette à trois capucines, il est l'heure de l'action moins cinq minutes; n'est-ce pas assez te dire qu'elle va sonner?

Cette brochure est un cri d'alarme, une réclame, une charge, une intuition, un canard, une compilation, tout ce que vous voudrez, sauf une œuvre littéraire.

Réveillé en sursaut par une panique étrange, bien qu'extraordinaire, nous avons pris le premier vêtement qui nous est tombé sous la main pour courir dans la rue.

Ce vêtement était notre faux-col.

Pardonnez si notre pantalon est resté en arrière de notre chemise.

Nous commençons, car déjà l'indignation et le solécisme tremblent avec l'encre au bout de notre plume.

I

> La chronique du temps attribuait cette déclaration mystique à Mᵐᵉ Krudner, dont l'influence était grande sur le jeune czar.
> « Les traités de 1814 et 1815, suite et fin. »
> (*Indépendant du Faucigny*, du samedi 18 décembre 1852.)

C'était en 1815.

Mᵐᵉ Krudner avait alors l'oreille du jeune czar.

Elle se dit un jour :

« Voici que nous allons avoir un traité à faire, le traité
» de la Sainte-Alliance.

» Il nous faudrait là quelque chose de mystique, d'am-
» phigourique, de mythologique, d'hiéroglyphique et
» d'amphibologique.

» Qui défraie la verve de tous les diplomates, et fasse
» la gloire de quelque petit publiciste de province, heu-
» reux inventeur d'une saine interprétation. »

Et elle écrivit :

« Confessant ainsi (l'Autriche, la Prusse et la Russie),
» que la nation chrétienne n'a d'autre souverain que
» celui qui a la puissance, la science, la sagesse infinie,
» c'est-à-dire Dieu, notre divin Sauveur Jésus-Christ, le
» Verbe du Très-Haut, la parole de vie, etc. »

Le jeune czar lisait par dessus l'épaule de Mme Krudner :
« Pas mal, » dit-il, et il signa.

Le jeune czar ayant signé, les autres apposèrent leurs griffes.

Avez-vous remarqué ces mots: « Nation chrétienne. »
Est-elle forte celle-là, hein? Un Grec! un protestant! un catholique! Comme si un Grec était chrétien! comme si un protestant était chrétien! comme si un catholique était chrétien! comme si des cultes divergents pouvaient se relier à une unité par la communauté de certains rapports et de certains principes, comme l'espèce au genre! D'ailleurs, et nous le répèterons à satiété, nous n'aimons pas les cultes divergents.

Faites en sorte d'apprécier les traités de 1815 par le fragment que nous venons de vous citer ; pour nous, bien que notre brochure ait pour but principal l'explication de ces traités, ce que nous en avons cité nous a tellement soulevé le cœur, que sans pousser plus loin notre interprétation, nous allons vous montrer immédiatement les fatales conséquences du style de Mme Krudner.

Non, toutefois, avant de vous avoir dit que cette occupation inutile, vain outrage aux Bourbons non consultés et à leurs adhérents, a énergiquement été flagellée par le poète qui a vengé le droit divin et son légime représentant dans ces deux vers mémorables :

> « Qu'aisément ils ouvraient les portes
> » Dont nous avions livré les clefs. »

II

> « Le 2 Décembre arriva. La république de février expira et la nuit se fit dans toute l'Europe. »
> « Le Faucigny, notre pensée tout entière. »
> (*Indépendant du Faucigny*, du samedi 13 août 1853.)

Les alliés n'ignoraient pas qu'un moment ou l'autre la France leur ferait une fugue ; aussi ne la quittaient-ils pas de l'œil. Un chat tombé d'une gouttière, la proclamation de la république, un déménagement, un chien traînant une casserole méchamment attachée à sa queue, un changement de gouvernement suffisaient pour leur donner l'éveil ; ils mettaient leurs armées sur pied de guerre, doublaient les postes et multipliaient les patrouilles.

Pendant que la France dormait mollement bercée par la Sainte-Alliance, un général russe écrivait : « L'ordre » règne à Varsovie. »

La Prusse cherchait à faire proclamer la république à Neuchâtel.

Et l'Autriche nous imposait la Constitution de 1821.

Enfin, tout était joliment embrouillé.... Voilà la vérité de la situation.

Étudions un point quelconque de l'histoire de notre siècle ; choisissons l'époque la moins connue pour jeter quelques lueurs dans son obscurité, 1848, par exemple.

La révolution de Février ! Nous l'avons vue décréter

que la propriété est le vol, ouvrir des ateliers nationaux au lieu de peupler les riches colonies de Cayenne, Lambessa et Noukahiva si florissantes aujourd'hui, chanter sur le mode ionien en s'accompagnant d'une lyre pour crier aux armes. La révolution de Février a été l'éteignoir du flambeau de la liberté, l'écran qui s'est posé entre notre prunelle éblouie et le soleil de l'avenir.

En parlant plus haut d'une lyre, nous déclarons que nous n'avons voulu faire aucune allusion méchante à M. de Lamartine, dans lequel nous avons toujours reconnu un homme de talent et un citoyen pur et modeste, auquel nous sommes heureux de rendre justice en avouant que son manifeste avait du bon.

Brillant comme Orion, l'astre de la république s'est levé, salué par les deux mondes, comme feu le cheval blanc du général Lafayette. Puis, rencontrant sur les boulevards l'urne du suffrage universel, il s'est penché pour y boire.... Il a fait le plongeon en s'éteignant.

Cette appréciation est comme M. Pet-de-Loup, sévère, mais juste.... Nous reculons, c'est vrai, mais ce n'est pas pour mieux sauter.

Tout en réservant notre opinion personnelle, voici quelle est notre opinion actuelle sur l'empire.

L'empire s'est établi sans secousse, sans révolution, sans douleurs, sans cartouches, sans corruption, sans larmes, et nous ajouterions sans sang, si ces deux mots, par leur cacophonie, ne terminaient désagréablement notre phrase. Ce qu'aucun membre du gouvernement provisoire n'eût osé faire, Bonaparte n'a pas craint de l'accomplir hardiment.... Nous espérons que vous nous comprenez.... Napoléon III est le père de la liberté, le chevalier de la démocratie, la colonne de feu qui nous conduit vers la terre promise de l'indépendance et de l'émancipation.

Voici en deux pages et trente-six mots l'histoire de l'Europe pendant quarante-quatre ans. Cette brièveté convient à notre genre d'écrire ; notre style est rapide ; nous ne raturons jamais ; il suffira, pour vous en convaincre, d'un simple coup d'œil.

III

VIVA VERDI!

(Cri de ralliement.)

Victor-Emmanuel II est monté sur le trône au milieu des circonstances les plus difficiles qui puissent signaler le commencement d'un règne.

Certain publiciste, fort sombre en 1849, mais considérablement épanoui depuis lors, a prétendu que deux chemins s'ouvraient devant notre souverain.

Nous ne le croyons pas ; bien plus, nous regardons cette assertion comme injurieuse.

La voie de la honte ne peut s'ouvrir sous les pas de l'homme d'honneur ; la voie de la lâcheté est close pour le soldat plein de bravoure ; la voie des trahisons n'existe pas pour le monarque qui préfère à sa couronne le glorieux titre de premier citoyen de l'État.

Victor-Emmanuel II n'avait qu'une voie devant lui : c'était celle que lui avait tracée son magnanime père, celle de l'honneur et de la gloire.

Charles-Albert avait brisé avec le passé ; son fils devait être l'homme de l'avenir.

Et si nous jugeons Charles-Albert digne à jamais de notre reconnaissance pour nous avoir donné la liberté, que nous ne connaissions pas, combien ne devons-nous pas déclarer Victor-Emmanuel plus digne encore de cette reconnaissance, lui qui nous l'a maintenue, alors que notre intelligence avait pu en apprécier tous les bienfaits?

IV

« La nécessité de l'équilibre *budgétaire* ne nous fait pas oublier que la Savoie meurt de faim. »
(Revue politique. *Indépendant du Faucigny*, du samedi 5 février 1853.)

« La Savoie est une mendiante assise sur des ruines. »
(Chapitre IX. *Quelques pensées sur l'aristocratie et la démocratie en Italie et en Savoie*, par l'auteur de : *Sauvons la liberté*. Paris, 1849.)

« Oui, la Savoie, notre mère, est en haillons, est en pleurs, est en fièvre; elle souffre cruellement, elle a faim de pain, elle a faim de liberté. »
(Discours prononcé à Taninges, le 27 juillet 1851, par l'auteur de : *Improvisation à Charles-Albert*; 4 juin 1853. — *Le Patriote Savoisien*, du samedi 2 août 1851.)

« Laissez notre pays mourir de faim, puis vous enverrez un médecin pour faire l'autopsie et constater l'indigestion. »
(Encore la montagne de Chède. — *Indépendant du Faucigny*, du samedi 26 mars 1853.)

Eh bien! que dites-vous du Piémont depuis 1849? Quelques boulets trouvés à la Bicocca ont été en deux coups de truelle cimentés dans quelques murs; sur une couche de plâtre blanc, on a écrit en noir : « *Mars 1849*, » pour garder de tout cela un souvenir lointain, et voilà tout.

L'indépendance fourmille dans nos cités; la débine a

pour jamais quitté nos prairies; le villageois vit dans une ˙sance extrême.

De solides lois administratives et électorales ont remplacé les lois provisoires de 1848.

L'indépendance politique, cet abricotier des peuples libres, est en pleine floraison et se moque des giboulées de mars comme des bises jésuitiques.

Le mariage, comme contrat, rendu à son véritable régulateur, n'est plus entre les mains des prêtres, et le code pénal est réformé.

L'instruction, exclusivement confiée aux laïques, sème infatigablement et à pleines mains la tolérance religieuse. Le vent qui vient du ministère de l'instruction publique berce sur leurs tiges des pépinières de citoyens aussi intègres que futurs.

Heureux, trop heureux seraient nos compatriotes, *sua si bona norint!*

V

Dis-moi, laboureur lombard, serf, homme de la glèbe, vassal, manant, comment va cette petite santé, depuis dix ans que nous n'avons eu le plaisir de te voir?

Préfères-tu toujours les grincements de dents au joyeux crin-crin sous le vieux chêne, les coups de trique aux baisers de ta dulcinée?

Apprends, très-cher, que l'artillerie piémontaise vient d'enfoncer la charrue belge et d'obtenir la première prime au dernier comice agricole.

Nous t'offrons l'exportation gratuite de cet instrument aratoire perfectionné; nous voulons modifier ta culture et sillonner ton champ sans qu'il t'en coûte un sou.

L'exploitation par ce procédé est cependant terriblement coûteuse; mais ce sont les contribuables qui paieront.

Ils ne se plaignent pas; ils ne se plaindront pas : ils seront assez payés de leurs sueurs s'ils voient ton sol devenir plus fertile.

Il est inutile que tu sois bourrelé de remords; il n'est pas nécessaire que tu deviennes enragé.

Tâche seulement d'acquérir un peu plus d'intelligence, et tu seras amnistié par l'avenir.

VI

« Nous n'avons jamais cru à la guerre, et nous n'y croyons pas encore. »
(L'Orient, 1er article. — *Indépendant du Faucigny*, du samedi 18 juillet 1853.

« Nous croyons qu'une paix durable est non seulement possible, mais probable. »
(L'Orient, 2e article. — *Indépendant du Faucigny*, du samedi 23 juillet 1853.)

Voici le moment venu de résoudre notre simple question d'actualité.

Quand et comment le premier coup de fusil partira-t-il dans les champs lombards?

C'est un logogriphe, et nous ne chercherons pas à l'expliquer.

Nous croyons cependant bien être à la guerre, si toutefois des événements que nous ne pouvons prévoir ne nous apportent la paix.

Ce sera la guerre d'indépendance, sainte, nationale, généreuse, noble, sans ambition, sans haine, sans colère, sans fièvre, sans crime, sans fiel, sans venin, sans vengeance.

Ce ne sera pas une boucherie : on tuera, mais doucement ; on massacrera, mais proprement.

La croix des saints Maurice et Lazare et l'étoile de la légion d'honneur se croiseront sur la poitrine de ceux qui auront eu l'adresse de ne pas aller vivre dans un monde meilleur.

C'est le bonheur que je vous souhaite.

Ainsi soit-il.

VII

« Ne croyez pas à toutes ces impostures, paysans. »
(Chapitre VI. *Sauvons la liberté*, par l'auteur de la *Savoie libérale*. Bonneville, 1853.)

En 1849, la dague au clou, sombre, rêveur, pensif, nous regardions de notre fenêtre, le front dans la main et douloureusement penché, les nuages de la réaction qui s'amoncelaient à l'horizon politique. Aujourd'hui, notre cœur de citoyen bondit dans notre poitrine d'homme; nous sentons errer sur nos lèvres comme un vague *alleluia*, précurseur des chants de triomphe.

Entre Victor-Emmanuel et la jeune Italie, il n'y a point de dates fatales; entre la jeune Italie et Charles-Albert, il y avait 1821 et 1832. C'est probablement ce qu'a voulu dire un moderne publiciste, dans une phrase assez obscure, du reste.

Paysans savoyards ! des cancans, des charges, des rêves, des mensonges, des erreurs, des hallucinations, des farces, tous les contes de la mère l'Oie et de la mère Gigogne, de M. Perrault et de M. Galland viendront bourdonner à votre oreille.

On vous insinuera : « que le Croate est un être civilisé » flairant mieux qu'ambre et civette ; que l'Italien est un » sauvage qui se tatoue comme un Bouticoudos, et qu'il

» a la coupable habitude de dévorer les missionnaires
» qu'on lui envoie pour sa conversion; que d'abominables
» partageux viendront boire votre cidre et pincer la taille
» à vos filles; qu'Albitte, commissaire de la Convention,
» reviendra pour renverser vos clochers et enfoncer des
» allumettes dans les yeux de vos pasteurs; qu'on va fon-
» dre les cloches pour frapper des pièces de deux sous
» qui vous seront distribuées; que dans quelques jours
» nous aurons la vente des biens nationaux, l'invasion,
» les assignats, Robespierre et la guillotine. »

Ne croyez rien, ne doutez de rien, ne niez rien, ne ré-
fléchissez à rien, n'acceptez rien, ne regrettez rien, ne
refusez rien.

Tant que la Savoie et le Piémont boiront dans le même
verre, nous devons par tradition, par amour-propre, par
courage, par espoir, par fierté, par justice, par pensées,
par paroles, par désirs, par actions et par omissions, four-
nir avec lui l'enjeu qui alimente la martingale infaillible
qu'il poursuit depuis onze ans à la rouge et noire du
destin.

Déliez-vous, ô nos bourses; armez-vous, ô nos bras;
chargez-vous, ô nos mousquets; ô nos cœurs, entre-
bâillez-vous pour laisser pénétrer tous les nobles mouve-
ments et les courageuses aspirations !

Pas de soupirs, pas de pleurs, pas de chagrin, pas de
peur, pas accéléré, pas de charge, en avant marche !... Et
ainsi d'étape en étape jusqu'au fond du Tyrol.

Au retour, entendant dans un vague lointain, sonner
à la pendule de l'histoire l'heure des bornages interna-
tionaux, nous planterons des limites, et, ne mettant plus
de termes.... à notre émotion, nous dirons à la France,
après avoir regardé la montagne de Chède avec fierté,

les Treize-Arbres avec indifférence et la Faucille avec amour :

« Quoi, c'est toi ? c'est moi !
» Oui, c'est moi, c'est toi ! «

La paix est faite; vite élevons des remparts.

Cette aspiration est bien un peu hâtive ; je conclus un peu avant d'avoir discuté la question.... mais bah ! ! !

VIII

On parle à Berne, on discute à Genève, on élucubre à Zurich, on écrit à Zug, on imprime à Unterwald, on se tait à Uri (avec ou sans calembour), le tout pour démontrer que les traités de 1815 donnent aux Helvètes le droit de venir traîner leurs briquets sur le pavé de nos villes.

A notre grand regret, cette nouvelle n'a pas ému nos populations, qui avaient l'air de trouver insignifiante la présence de quelques soldats de la Confédération, et qui croient que toute discussion sur l'avenir de la Savoie est aujourd'hui maladroitement prématurée.

Je serai la voix qui crie dans le désert, le Don Quichotte qui se bat contre les moulins à vent.

Et je dirai à mes compatriotes : Garde à vous ! et soyez émus !

Essayons d'expliquer la convention sur laquelle se basent toutes ces discussions.

En cas de guerre entre la France et les États sardes, on protège Genève et son canton *contre* les embarras et les dangers d'un champ de bataille voisin ; à cet effet, la Suisse, pour rester entièrement neutre, favorise par le Valais la retraite de l'armée piémontaise :.... Il est vrai que l'art. 92 des traités n'accorde le passage par le Valais qu'aux troupes du roi de Sardaigne qui pourraient se trouver dans les provinces neutralisées ; mais, c'est règle d'interprétation, qu'il faut toujours passer du cas exprimé au cas omis. Supposons maintenant que Genève soit assiégée : le Faucigny et le Chablais, de plus en plus neutres, font passer à Genève une armée de secours, venue on ne sait d'où, ou bien les Genevois, battus sous leurs remparts, se réfugient dans ces provinces, où les poursuit naturellement l'ennemi, et tout cela pour assurer toujours plus la neutralité du Faucigny et du Chablais...

.... Il est vrai que les traités de 1815 ne parlent que du cas de guerre entre les puissances voisines de la Suisse, et nullement du cas de guerre entre la Suisse et une autre puissance ; mais, notre correspondance avec Mme Krudner en main, nous croyons pouvoir présumer que telle était l'intention des rédacteurs. (Voir les Mémoires secrets et la Correspondance de Mme Krudner.)

Aujourd'hui Genève est démantelée ; elle est en conséquence beaucoup plus facile à prendre ; d'où il est naturel de restreindre la zône de neutralité destinée à la garantir.

IX

Nous avons à Genève notre bottier, notre chapelier, notre banquier, notre tailleur ; nous y achetons volontiers nos cigares et notre vin de Mâcon et nous aimons à flâner sur les quais : aussi avouerons-nous que si nous traitons quelque peu les Genevois d'égoïstes, d'épiciers ou de crétins, c'est sans intention de les blesser ; nous improvisons, mais c'est sans fiel, sans venin, sans rage, sans colère, sans fureur, sans malice, sans mépris, sans aigreur.

Quand des questions aussi graves se présentent, nous nous élevons aussitôt sur les hauteurs les plus inaccessibles et les plus solitaires du patriotisme, si bien que la plupart du temps nous y demeurons absolument seul.

L'occupation du Faucigny et du Chablais est charivarique, outrageante, fatale, baroque, écrasante, impolitique et incommensurable....; chacun de ces adjectifs se présente à nous, armés jusqu'aux dents de sophismes et de paradoxes.

Que craint-on?

— Une pensée bizarre, drôlatique, étonnante, neuve, prodigieuse, ébouriffante, obéliscale, parcourt en ce moment les vastes régions de notre cerveau.

Une seconde édition de l'Escalade?...!!!

Farceurs que vous êtes, cette entreprise ne nous serait-elle pas étrangement plus facile, lorsque vos troupiers seraient assis au foyer de nos familles?

Vivant avec nous, ils ne pourraient naturellement s'apercevoir ni de nos intentions ni de nos démarches.

Nous vous occuperions pendant que vous nous occuperiez.

Voyons, mes bons, mes chers, mes tendres amis, éloignez de vous ce funeste dessein : sachez que le vermouth et le *costume* de l'amitié hospitalière vous attendent, mais l'un après l'autre, et non pas en masse, en foule, en peloton, en troupeau, sous forme d'invasion, d'injure, de révolution, d'émeute, drapeau flottant; tambours en tête, arme à volonté : dans cette dernière hypothèse, vous nous surprendriez dans un coin, boudeurs comme des mioches privés de confitures.

Si, malgré nos protestations, notre air maussade et nos énergiques cris de ralliement, vous arrivez tolérés par le gouvernement, nous ne vous enverrons pas faire...

paître vos troupeaux au son du *Ranz-des-Vaches,* votre *God save the queen ;* mais, polis et convenables autant que respectueux et soumis, boutonnés dans notre dignité blessée et dans notre robe de chambre, honteux et confus ; nous ne sortirons plus de nos demeures que pour crier tout le jour contre toute tendance d'annexion.

Inutile d'ajouter que nous réservons notre plus bel ut de poitrine pour protester contre toute discussion religieuse :... nous nous plaisons à rererementionner ici que nous détestons cordialement les cultes divergents.

....

Nous ne dirons pas un mot de nos concitoyens qui sont sur la frontière.

Quoi qu'il arrive, quoi qu'on leur dise à la veille d'une rencontre décisive, ils feront bravement et loyalement leur devoir : nous poussons assez loin l'amour-propre national pour en être convaincu.

Nous n'aimons pas les prophètes de malheur qui, pour étayer faiblement d'un chétif argument, un système poussif, s'ingénient à imaginer des suppositions outrageantes pour nos soldats et pour la Savoie entière.

« La Savoie ne peut plus être partie intégrante des États-Sardes, sans devenir l'Irlande de l'Italie. »
(Chapitre VIII. *Quelques pensées sur l'aristocratie et la démocratie en Piémont et en Savoie,* par l'auteur de la *Savoie libérale.* Paris, 1849.)

La Savoie sera toujours heureuse et fière de sa convivence politique avec le Piémont. Intérêts matériels, moraux, intellectuels, économiques et sociaux ; tunnel du mont Cenis, traditions historiques, sciences, arts, commerce, industrie, unité de langage, percée de l'isthme de Suez, tout tend à rendre cette question d'une transparence et d'une lucidité appréciables à la réflexion la plus sommaire.

Mais supposons que, par suite de délimitations internationales, la Savoie soit cédée ou appelée à se donner des maîtres?

Séparée du Piémont, la Savoie ne saurait être que Française.

En effet............................... ...
... .
...............?
............! ....! ....! ....
........!

Il est évident que................; ....
.... et d'ailleurs..................
............; quoique....... ....; ....
Un grand écrivain a dit : «................. ....
»..
».........»

Enfin.............; et..................
.................; or..........
....! ....?

Nous en concluons que la Savoie doit être Française.

XI

> « Malgré les sentiments sincères qui nous animent, nous ne pouvons cacher nos vœux relativement à toutes voies ferrées venant de Suisse, d'Allemagne ou de France pour aboutir à Genève.
>
> » La richesse, la prospérité de cette ville refluent jusques à nous : toujours il en fut ainsi, toujours il en sera de même.
>
> . . . .
>
> » Toujours est-il que la place de Genève est pour nous une place de crédit. »
>
> (Les deux Chemins de fer, 3e article. — *Indépendant du Faucigny*, du samedi 16 avril 1853.)

Nous repoussons la Jamefazymanie, parce que nous n'avons pas comme vous des glaciers, des tirs, des montagnes, des lacs, des gorges étroites, des cascades et des pâturages ; parce que les Suisses ne sont ni avocats ni procureurs, parce que l'annexion est un masque trompeur qui nous voile la guerre politique, religieuse et sociale avec son cortége de crimes sans nom et d'échafauds.

Allobroges avant tout, bien que l'histoire ne soit pas unanime à nous traiter comme tels, et n'ait jamais pu indiquer sûrement les confins de ce peuple aussi brave qu'antique ; qu'on nous appelle Centrons, Octodurenses, Garoscelles, Bramovices, Medulli, Uceni ou Focunates, nous puisons toutes nos traditions païennes, druidiques et chrétiennes chez les Romains, les Gaulois, les Goths et les Burgundes, nous ne pouvons fraterniser avec des stipendiés comme Tell, Furst, Melchtal et Stauffacher ; Sempach et Morgarten ont vieilli ; Grandson et Morat sont pour nous des mythes.

Passons l'inspection du maigre peloton d'arguments que les partisans de l'annexion ont déchaîné contre nous.

1° Question économique.

Genève, guerrière au temps de César, n'est et ne sera jamais une ville de commerce, à moins toutefois qu'elle ne devienne française.

Le Faucigny possède plus de producteurs que de consommateurs, Genève plus de consommateurs que de producteurs, d'où il ressort évidemment que nous ne pouvons servir à l'alimentation de cette ville, qui, en échange des produits qui excèdent notre consommation, ne nous donne que le numéraire qui nous manque. L'or est une chimère non moins qu'un vil métal.

Pour éviter tous frais de voyage, n'avons-nous pas à nos portes, par le moyen des rails-ways et des pyroscapes, Paris, Marseille, New-York et les Iles Sandwich.

Cette assertion deviendra plus palpable lorsqu'on aura posé le dernier rail du chemin de fer de Genève à Annecy.

Illuminons la chose par quelques exemples :

Un mot d'ordre parcourt les champs et, comme un papillon, va se poser sur chaque ferme, sur chaque chaumière, sur chaque châlet, sur chaque hutte ; les paysans gardent leurs veaux. *Indè quid?* Ils attendent les bouchers de Genève, avec lesquels cependant ils ne veulent plus avoir affaire ; ces veaux deviennent des bœufs, qui sont vendus comme tels aux bouchers de Paris ; d'où un immense profit pour nos paysans. Ainsi les œufs deviendraient des poulets, les fruits des pépinières et le beurre deviendrait rance.

Cinglons maintenant vers la grande production.

Les ouvriers horlogers se diraient un jour :

« Ah! c'est toi. — Oui, c'est moi. — Ça va bien ? — Pas
» mal, et toi ? — A propos, associons-nous. Échappons

» à deux agios en tirant nos matières premières de Pékin,
» et en exportant nos produits à Nangasaki ; n'ayons plus
» rien affaire avec la Suisse. » — Et la bannière de l'association flotterait dans nos vallées.

Un propriétaire se dirait : « Ah! tiens, j'y pense, je
» vends mes fromages à Genève où on les trouve excel-
» lents; si je les expédiais en Piémont où l'on préfère le
» strachino et le parmesan. » Vite une lettre à un négociant de Turin, dont voici le modèle :

« Mon cher Monsieur Tartempione,

» Je vous envoie deux *boudanes* et trois *persillés,* dont
quelques *chevrotins ;* en retour, envoyez-moi une pipe
de Cummer, du macaroni, un abonnement à l'*Armonia,*
de la polenta et des truffes.

» Entre nous, je vous avouerai que je suis outré; depuis
longtemps j'ai la bêtise d'exporter à Genève où l'on spécule indignement sur mon inexpérience; cette ville est si
éloignée, tout le profit est dévoré par les ports.

» Recevez mes salutations et présentez mes hommages
à Mme votre épouse et à toute votre petite famille.

» Votre dévoué,
» BARBANFUME père. »

Un autre écrirait à Vitry-le-Français :

« Monsieur Cascajol,

» Veuillez, je vous prie, écrire à Reims, à Châlons ou à
Épernay, où l'on fabrique le champagne, pour savoir s'il
y aurait moyen de se procurer un champaniseur franc
de port. Je veux doter mon pays d'un Moët inédit, et je
vous promets de vous faire goûter mon Cliquot à son
premier retour de Russie.

» Je suis exaspéré; figurez-vous que l'an passé j'ai
vendu mon vin blanc à (*ou en*) raison de 20 centimes le

litre, à un négociant de Genève ; trois mois après, j'achète de lui du mâcon à (*ou en*) raison de 40 centimes la bouteille. — Le bruit a couru que ce mâcon n'était que du narbonne décoloré avec mon vin blanc et du bois d'Inde.

» Ne m'oubliez pas auprès de M. votre cousin.

» A vous de cœur,

» MAZAGRAN. »

Nos paysannes écriraient à Séringapatam :

« Monsieur Gourou-Bourou,

» Vous recevrez par le prochain paquebot des fraises, des *ambrunes*, des framboises, du lait caillé et des *belosses*; plus, huit douzaines de grenouilles cueillies dans la plaine de Pontchy, et que nous vous garantissons pures de tout crapaud.

» Vous recevrez aussi un fort envoi de greube et huit cuilliers de bois fabriquées dans les gorges du Petit-Bornand.

» Faites-nous retour avec des noix de coco, des nids d'hirondelles, des nageoires de requin, des serpents à sonnettes, des dents d'éléphant et des huîtres de Cancale.

» Nous pensons à vous dans nos prières ; ne nous oubliez pas au moment de vos ablutions.

» Pour l'association,

» TIENNETTE TROULALA. »

Gérard recevrait à Oran la lettre suivante :

« Cher collègue,

» Depuis longtemps j'exporte mes chamois, mes faisans et mes bécasses du bois Rogès à Genève, qui ne me donne en échange que d'affreuses féras. — Ayez toujours un juste mépris pour ce poisson. — Je préfère vous expédier plusieurs bourriches de mes produits.

» Veuillez, en échange, m'envoyer un lion de la Mahouna, poil noir, ayant fait toutes ses dents et ayant eu la maladie. Ayez la complaisance d'ajouter à cet envoi deux hyènes, une panthère et quelques chacals.

» Mes amitiés à Sidi-Ben-Ahmed, non moins qu'à votre ami Rostain.

» Salut et fraternité,

» BOURRATU. »

La Nymphe de l'Arve écrirait au vieux génie du Rhône :

« Cher Fleuve,

» Ne pourrais-tu, au moyen de ces petites inondations que tu sais si bien te ménager, déranger suffisamment la position topographique de mon lit, afin que je puisse te rejoindre n'importe où, à Seyssel ou à Pierre-Châtel, sans passer sur le territoire helvétique ?

» De cette façon, les cœurs de mes riverains, qui ne cessent de s'envoler où coule leur rivière, n'auront plus l'air de s'embarquer pour la Suisse.

» Tout à toi,

» Ta rivière affectionnée,

» L'ARVE. »

Que conclure de cela ?

Genève est-elle une ville guerrière ou une ville de commerce ?

Nous le croyons.....

Quand on est dans les questions économiques jusqu'au cou, il faut briser avec les traditions de famille et les erreurs de nos ancêtres. Nos tendances ont toujours été françaises. Pour juger la question, il est indispensable, nécessaire et essentiel, de ne pas la séparer des transformations qu'amènent les inventions, la galvanoplastie, les ballons, le daguéréotype, la pisciculture, l'insecticide Vicat, l'aluminium et l'acclimatation des autruches.

XII

> « A chaque événement, les Alpes s'élèvent et le Jura s'abaisse. »
> (Discours prononcé à Taninges le 27 juillet 1851, par l'auteur de : *Ma mère, laissez-moi*. — *La Savoie pittoresque*, Chambéry, 1812. — Le *Patriote Savoisien* du samedi 2 août 1851.)

2° Nationalités.

Pour constituer sûrement les nationalités, les Alpes s'élèvent de quelques milliers de mètres.

Abaisserons-nous le Salève ?

Nous parlons français ; la plupart des Suisses ne parlent pas plus français que les Alsaciens ou les Provençaux.

Mille sectes *divergentes* se partagent la Suisse, d'où conflit. Un seul culte unit dans une seule croyance tous les Français; aussi jamais chez eux de guerres religieuses.

On a bien eu en France, de temps à autre, pendu, décollé, lapidé, noyé, précipité, brûlé, écartelé des Albigeois, des réformés, des protestants ; mais c'étaient des massacres et non pas des guerres religieuses.

La Suisse est un panache ; tous les vents qui soufflent à travers ses frontières en emportent une plume ; vienne le vent du printemps, et vous verrez fondre tout cela comme un bonhomme de neige.

Le Faucigny canton suisse ! erreur !

Genève annexée au département du Léman ; Genève sous-préfecture, avec Annecy pour chef-lieu ! Rêve ! idéal ! espoir ! chimère ! illusion ! mirage !

XIII

> « Est-ce notre faute si le Faucigny, aussi intelligent que le Genevois, ne sait pas à 60 ans ce que nos voisins savent à 10 ans ?
> (Les deux chemins de fer, 3ᵉ article. — *Indépendant du Faucigny*, du samedi 16 avril 1853.)

Franchement, Genevois, vous lorgnez nos vallées ; vous avez raison à une infinité de points de vue.

Nos dossiers vous fourniraient un papier souple et fort pour *plier* vos denrées coloniales ; nos rochers s'ouvriraient devant vos capitaux, et, modernes Sésames, vomiraient des richesses que nous préférons y voir ensevelies.

A vous nos celliers, nos vignes ; à vous nos champs, nos fermes, nos pâturages, nos plantations.

Il n'y a plus de procès, voilà les paysans ruinés.

Tous les itinéraires ne vous ont-ils pas déjà adjugé Chamonix et le Mont-Blanc ?

Voyons, nous sommes amis ; doucement, ne nous fâchons pas, ne nous échauffons pas, ne nous battons pas les flancs.

A qui diable demanderais-je d'où pourrait couler notre amitié pour vous ?

Je le demanderai à ce petit marchand maigre, quoique Juif, qui, il y a trois ans, eut le toupet infernal de me surfaire d'un décime lors de l'échange de nos produits ; j'avoue toutefois que vos commerçants sont d'une rare et antique probité.

Je le demanderai à votre demi-monde qui nous traite de Savoyards, parce que nous sommes de la Savoie ; — pourtant, je sais bien que le demi-monde inventé par Dumas fils n'existe pas à Genève ; que votre vingt-quatrième de monde se recrute parmi les Françaises, Italiennes et Allemandes qui ont déraillé du chemin de la pudeur, et fort peu parmi vos Genevoises ; que d'autre part l'opinion de ces dames est de fort peu de poids dans la question ; que bien plus, on croit qu'elles ne seront pas même consultées à cet égard ; enfin que le mot « Savoyard » comme injure, nous vient de Paris, où il est encore employé pour désigner les portefaix et les Auvergnats.

Je le demanderai à vos saturnales annuelles, à cette orgie qui montre que tous vos souvenirs historiques se résument en une échelle appliquée à une muraille. — Je ne puis cependant nier que cette mascarade ne se maintient plus que pour l'amusement des enfants ; que c'est à peine si le vieux refrain de l'Escalade vient errer sur les lèvres d'un brave ouvrier en goguette ; qu'un enfantillage de ce genre ne peut ni occuper les hommes sérieux, ni altérer les sympathies des deux peuples.

Je le demanderai à cet outrage artistique, à ce buste injurieux qui couronne une de vos fontaines. — Je suis toutefois forcé de ne pas ignorer que ce soi-disant monument public, élevé à l'instigation de quelques réactionnaires, a obtenu la désapprobation la plus complète soit dans l'opinion, soit dans la presse.

Car si je ne le demandais pas à ce petit marchand, à ces dames, à l'Escalade et à la fontaine, à qui le demanderais-je ?

Oh ! les Savoisiens sont trop bien nourris pour ne pas étouffer dans l'étroit espace que vous laissez entre vos comptoirs et le mur froid de vos boutiques.

Nous savons bien que notre manière de raisonner se réduit à cet argument : « Nous ne voulons pas être Suisse parce que nous ne voulons pas être Genevois, » et que l'on pourrait nous répondre : « Tout Genevois est Suisse, mais tout Suisse n'est pas Genevois. » Si vous nous poussiez à cette extrémité, nous appellerions à notre aide l'argument invincible du sexe faible, et nous dirions : « Nous ne voulons pas être Suisse, parce que........ » et si vous insistiez, nous ajouterions : « parce que......... parce que nous ne voulons pas être Suisse......»

XIV

« Malheur ! malheur ! dans les deux cas. »
(Sauvons la liberté ! par l'auteur de
Quelques pensées sur l'aristocratie et
la démocratie en Savoie et en Italie.
Bonneville, 1853.)

Ou le Faucigny est un canton séparé, ou on l'annexe à celui de Genève.

. . . .
. . . .

(Sixt ou la Vallée aux cascades, par
l'auteur de : Mère et martyre.)

PREMIÈRE HYPOTHÈSE.

Demain, après-demain, dans 8 jours, dans 15 jours, dans un mois, dans un siècle, par acte de vente entre souverains, ou par adjudication aux enchères électorales, le Faucigny, un beau matin, se réveille canton suisse.

On voit s'agiter les mêmes intrigants que vous voyez aujourd'hui s'assurant la majorité par tous les moyens possibles; les petites, mesquines et plates ambitions redoublent de réclame et de souplesse pour gagner à leur incurable et notoire incapacité, une fragile popularité qu'elles ne conserveront que par des bassesses ; les citoyens modestes et intelligents, atteints par la calomnie, déconsidérés par l'envie, navrés et découragés par l'aveuglement inexplicable des majorités, prévoyant des tempêtes futures (car l'horizon politique continue à se couvrir de nuages), s'abstiennent, résignés quoique tristes.

L'urne électorale vomit un Grand Conseil monstrueux ; le vote qui l'apporte recule épouvanté; superstition, bêtise, entêtement, petite vanité, ambition lilliputienne, prétention, absurdité, crétinisme et stupidité, voilà le partage de ce Grand Conseil.

Qui choisirons-nous pour nous faire un budget sur lequel le ministère ne pourra plus se lamenter, *lamentarsi*, dans le langage de la Péninsule.

Tout ceci nous amène les hurleurs.

Pourquoi? Ah! pourquoi?

Parce que ce Grand Conseil que je viens de vous dépeindre plus haut, fanfaron, orgueilleux, inepte, stupide, absurde, crétin et prétentieux, n'en est pas moins composé de compatriotes habitués à la tranquillité des champs, et de citoyens timides sur leurs bancs.

On repoussera le citoyen dévoué, désintéressé, capable, plein d'enthousiasme et de patriotisme, sous le fallacieux prétexte qu'il n'a pas reçu ce don du ciel qu'on appelle la parole; on dira de lui qu'il ne sait parler en public.

On nous jette donc tout vifs dans l'amphithéâtre ; on nous livre aux hurleurs.

Hélas! Hélas! Hélas!

Et voilà que bientôt on confondra le mot et l'idée, la cruche vide et l'amphore pleine, le citoyen qui parle et celui qui se tait.

Le Faucigny sera désolé par la désolation, persécuté par la persécution.

Que de vengeances ! que d'atrocités ! que de victimes ! que d'exécuteurs des hautes œuvres !

Les notions du bien et du mal, du juste et de l'injuste, flotteront vaguement, embryons informes, dans les cerveaux malades et affectés, comme l'idée dans la tête d'un fou, comme le rêve sous l'os frontal d'un agonisant, comme le souvenir dans les lobes cérébraux d'un homme ivre.

Quelle variété de jalousies ! que de taches ! que de bile ! que de venin ! que de fiel ! tonnerre et sang !

Le noble, l'ignorantin, le prêtre (j'en dirai du bien quelque part pour ne me mettre mal avec personne), ensemble dans l'arène, là, devant, derrière, à droite, à gauche, partout ! Horrible ! horrible ! horrible ! . . . . . .

Ah ! détournez, Seigneur, cette coupe sombre et ce tableau plein jusqu'au bord de toute l'amertume de l'absinthe.

Citoyens ! couvrons-nous la tête de nos paletots pour mourir comme l'antique Romain.

Et la ville mangera la campagne, et la campagne dévorera la ville.

Les montagnes sauteront comme des béliers, et les collines comme des agneaux.

On verra Dieu déployer sa puissance sur un air bien connu.

Il appesantira son doigt sur une province devenue une Sodome.

Guerre civile ! pendaisons ! éclairs et tonnerres ! assassinats ! pluies de soufre ! tremblement final ! coup de poing de la fin ! grand coup de tam-tam ! . . . . . Et voilà les Bernois !

Les Bernois ! ! ! ! ! !

Deux fois sous la féodalité, ils nous ont débarrassé des

bobereaux qui nous opprimaient, en renversant les châteaux incendiés sur les châtelains égorgés.

Ils ont déchiré et emporté nos archives.

S'ils les avaient déchirées, pourquoi les emportaient-ils ?

S'ils voulaient les emporter, pourquoi les avaient-ils déchirées ?

Nous laissons à l'avenir la solution de cette question.

XV

. . . .
. . . .
(*Mère et Martyre, par l'auteur de Sist ou la Vallée aux cascades.*)

SECONDE HYPOTHÈSE.

Avec Genève pour chef-lieu, notre sort n'est que plus larmoyant.

La propriété immobilière passe aux Genevois, peu à peu, en vertu d'une loi en vigueur depuis 1850 [1] malgré notre juste indignation. Nous sommes volés comme dans un bois.

Dans les champs émaillés de bleuets et de marguerites blanches, l'avocat tirera l'honnête laboureur par un bras, le procureur le tirera par le deuxième bras ; . . . . où sera le troisième larron ?

La sculpture, la peinture, la littérature, s'éteindront dans le sang des guerres civiles ; nos Titien, nos Bellini, nos Hugo se retireront devant les désastres de la patrie ; nous n'aurons plus en Faucigny le moindre Michel-Ange.

Calvin disputant nos âmes au Concile de Trente, nous

---

1. Loi du 5 février 1850.

inondera de bibles, de brochures, de vil métal, de secours, de conseils et de monnaie frappée par Satanas lui-même.

Nos prêtres, assaillis par ce torrent fangeux, malsain et dévasteur, se réfugieront dans la chaire où loge la vérité depuis qu'on a voulu augmenter les loyers de son puits ; cramponnés d'une main au bénitier de leurs églises, de l'autre à leurs traitements, retenant avec les dents leur casuel comme le Grec de Salamine retenait les galères des Perses, ils tomberont dans le *delirium tremens* de l'exaltation religieuse.

La superstition méthodiste, le fanatisme calviniste, et d'autre part notre légitime fidélité pour l'ancien culte, rempliront nos vallées de rage, de colère, de terreur, de honte, d'exaspération et d'horreur.

L'ami repoussera la main de l'ami, et le frère ne reconnaîtra plus le frère.

Le caniche dévorera son maître, et l'épagneul, la main qui l'a nourri.

Le dôme de nos forêts abritera de nouvelles dragonnades, et nos montagnes deviendront les modernes Cévennes.

Le tocsin de la Saint-Barthélemy retentira dans nos villes, et les échos de nos vallées diront : tuez, tuez !...

Les tombes s'entr'ouvriront, et M. Babinet verra plusieurs comètes dans notre ciel.

Nos fleuves, rouges de sang, rouleront moins de gravier que de cadavres, et nous aurons des inondations de compatriotes.

Certes, nous ne sommes ni bigot, ni clérical, ni fanatique, ni ultramontain ; nous n'avons jamais vu en M. Veuillot qu'un grand homme et en Monseigneur d'Annecy qu'un astre ;... ceux qui nous connaissent le savent mieux que nous. Cependant, nous ne pouvons nous retenir de crier sur les toits : La religion de nos aïeux qui nous a libéralement donné notre état civil à notre entrée dans la vie, au son flatteur des vives salves de l'artillerie municipale ; la religion au nom de laquelle nous avons usé tant de pantalons aux genoux ; la religion un peu délaissée depuis le collége, mais que nous avons invoquée dans une suprême prière aux jours d'exil et aux heures d'élections, cette religion sainte, divine, catholique, apostolique et romaine, ne sera pas proscrite par les épiciers du Molard.

Ce n'est pas d'un conflit de sectes que naît la liberté de conscience, mais bien de l'unité de religion ; anéantissez tous les fidèles des autres cultes, et ensuite chacun sera libre de croire au dogme qui survivra.

Nous préférons le prêtre qui dit : « Les croyants sont » aveugles », au descendant de Théodore de Bèze qui répond : « Dans ce pays-là ce sont les borgnes qui sont » rois. »

Jamais, non jamais, nous n'abandonnerons ce culte qui, délivré de la confession des jésuites, de la superstition, des traditions inquisitoriales, de la théorie du droit divin, de l'esprit de réaction, des instincts temporels,............ etc., etc.,etc., est plein d'une foule de choses poétiques à l'égard desquelles nous vous renvoyons à M. De Chateaubriand.

Nous préférons ce culte au méthodisme que nous déclarons sec, froid, glacial et absurde.

Le méthodisme ! c'est le livre de compte fait religion. Telle est notre opinion à son égard ; si vous la trouvez obscure, avouez du moins qu'elle est sincère.

Si, malgré notre brochure, nous sommes absorbés par la Suisse ; résolu, quoique vexé, ruiné peut-être, mais seul, emportant notre moutard dans nos bras, nous prendrons l'âpre et rocailleux sentier de l'émigration, et nous dirons: Troie, notre patrie, n'est plus; partons, père Anchise; Ascagne, mon fils, partons; allons demander à Didon le dur pain de l'exil, et voir si Lavinie en a du meilleur.

Nos compatriotes nous chanteront sur un air populaire: Bon voyage..... en accompagnant cette antienne d'un geste aussi familier que significatif................
....
....

Et tout sera dit!...